"最美奋斗者"品德教育系列

中国舰载机之父
罗阳

陈婵娟 / 著　小幸福工作室 / 绘

海豚出版社
DOLPHIN BOOKS
CICG 中国国际传播集团

幸福源自奋斗

一个人的一生应当怎样度过？

也许这个问题对小朋友们来说还有点遥远，但是有很多人终其一生都在追寻这个问题的答案。小朋友们不妨现在就想想，这一辈子你要如何度过呢？

相信《"最美奋斗者"品德教育系列》能给小朋友们带来启发。

2019年，为隆重庆祝新中国成立七十周年，学习英雄事迹、弘扬奋斗精神、培育时代新人，中共中央宣传部等评选表彰了新中国成立以来涌现的英雄模范，授予他们"最美奋斗者"称号，并开展"最美奋斗者"学习宣传活动。

"最美奋斗者"这份沉甸甸的名单，涵盖各个历史时期在各地区、各行业、各领域中脱颖而出的先进模范，既有黄继光、邱少云、王进喜、雷锋、焦裕禄、孔繁森这些耳熟能详的名字，也有钟南山、袁隆平、黄大年、南仁东、李保国等新时代的楷模。

他们是不懈的奋斗者、开拓者，是幸福生活的创造者、守护者。他们用智慧和汗水，甚至用鲜血和生命，为国家富强、民族振兴、人民幸福书写了可歌可泣的壮丽篇章，在平凡的岗位上作出了不平凡的业绩。他们是国家的脊梁、民族的英雄、时代的楷模，值得我们永远铭记。

幸福都是奋斗出来的，只有奋斗的人生才称得上是幸福的人生。希望通过这套图书，小朋友们能感受到英雄们那种昂扬向上的奋斗精神，树立正确的世界观、人生观、价值观，在"最美奋斗者"的陪伴下扣好人生的第一粒扣子！

《"最美奋斗者"品德教育系列》编委会

2021年3月

我的书桌上摆着一只航母迷你模型,上面印着"辽宁舰"三个字,那是爸爸送给我的生日礼物。

我的爸爸叫罗阳,是一名航空事业工作者,用他自己的话说,就是一只每天绕着航母飞的"小蜜蜂"。

我曾问过爸爸为什么要做"航空人",为什么要造航母舰载机,他摸着我的头,笑呵呵地说:"造出舰载机,造出航母,就说明我们国家的实力很强了,就能在世界上抬得起头啦。"

爸爸从小就对拆装各种各样的机器感兴趣。当他第一次看到电视机时，恨不得把它拆了看看里面的构造。

爸爸想象力丰富，动手能力强。在爷爷的鼓励下，爸爸努力学习、坚持锻炼，变成了一个身体强壮、品学兼优的活力少年。

后来，爸爸考上了北京航空学院，兴奋得又跳又叫，恨不得让全世界都知道他离梦想越来越近了。

爸爸学的是飞行器高空设备专业,刚接触航空知识时,一切都是陌生的,但爸爸格外发奋,几乎每天都泡在教室和图书馆里。四年大学生活结束时,爸爸以优异的成绩完成了学业,如愿成为航空人。

毕业后，爸爸进入了沈阳飞机设计研究所。当爸爸知道中国的第一艘航母要在辽宁改造，他可以参与航母舰载机的设计时，激动的心情难以言表。

投入航空事业后,爸爸越来越忙了。妈妈给他打电话问他的身体状况,他却兴冲冲地说:"工作很顺利。等事情忙完,我就带你和女儿去游乐场玩。"

可是爸爸的承诺一直没有兑现。我生日那天爸爸没时间回来，后来他亲手给我做了航母模型补上生日礼物，说："宝贝，你想爸爸的时候就对着这个模型说话。"

在爸爸的影响下,我对航母的关注也越来越多。航母代表着一个国家的实力,造得起航母的中国,是很了不起的。

航母改造完成后,爸爸和航母合了个影寄给我们。我和妈妈很自豪,逢人就说这事。

我的好多同学都成了爸爸的"粉丝",有的同学还立志长大后要像爸爸一样设计飞机,踏上航母。

扫码听故事
- 品德故事
- 楷模故事
- 读书笔记
- 交流园地

当然,我是爸爸最"铁"的"粉丝"。我的房间里有很多爸爸的照片,每当他特别忙、我又特别想他时,我就会一张一张地看。

我最喜欢的是这张照片——爸爸在吃妈妈亲手做的饭菜，嘴巴塞得满满的，眼睛睁得圆圆的，还伸出大拇指比了个大大的赞，这是爸爸难得的生活照。

有的照片也很让我心疼——他戴着头盔蹲在狭窄的机房里排查故障,豆大的汗珠直往下淌,也不知道他蹲了多久了。

还有的照片让我很不解——爸爸坐在办公室里工作，窗外就是轰鸣的飞机，他不觉得很吵、很难受吗？

爸爸的同事毕叔叔说，爸爸对待工作特别严谨。有一次，他发现一个胶圈有问题，立马召集领导和同事，将同一批次的上万个胶圈剪碎。他说："研制战机，要么是零分，要么是一百分，没有中间分！"

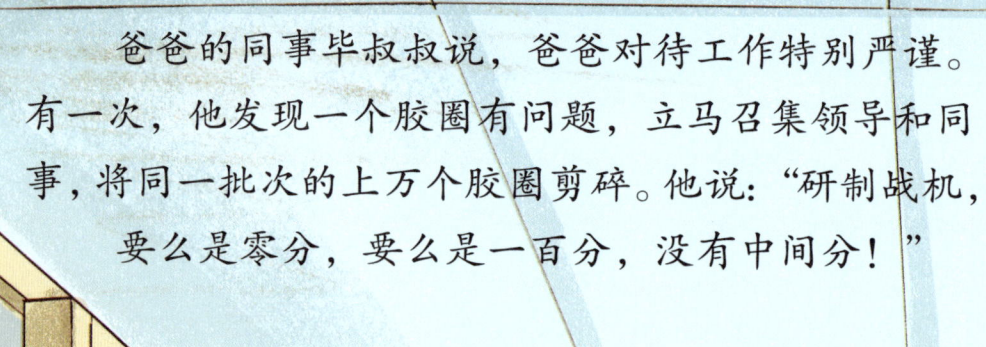

李叔叔说，爸爸爱下棋，但他太忙了，四年中下棋的次数，可谓屈指可数，其中有一两次，还是在网上下的。

张叔叔说，每次试飞员落地，他都要上去给人家一个大大的拥抱，竖起大拇指狠狠地鼓励一番。

很多人都说爸爸很了不起,可他看起来太"普通"了,穿得最多的就是那件洗得发白的蓝色工作服。

因为长年劳累,爸爸的额头上早早地爬满了皱纹,头发也掉了很多,有时他会摸着自己的头顶开玩笑:"再过几年就可以当和尚去啦。"

功夫不负有心人,爸爸率领他的团队先后完成了多款新型飞机首飞和设计定型,这可是顶了不起的事。

歼-15舰载机试飞前的几天，爸爸是在舰上度过的。

最后一个下午，爸爸终于有空给妈妈打了个电话，高兴地告诉我们一切准备就绪，就等着明天试飞了。我和妈妈也很开心，商量着怎么给爸爸庆功。

那天，阳光很明媚，歼-15航载机起降试飞成功，作为歼-15航载机现场研制总指挥的爸爸，和他爱的航母舰载机在电视上、报纸上，反复出现。

有很多像爸爸一样的人在为航空事业奋斗着，但有的人一辈子都默默无闻。

我与妈妈和奶奶去过一个展厅,看到了很多可敬的名字。我也知道了爸爸"中国舰载机之父"的称号。原来,爸爸这么了不起,航空人这么了不起!他们用坚定的信念和持之以恒的努力,将航空报国的志向写在了碧海蓝天之间。